UNE FLEUR DU CARMEL

OU

Notice sur la Vie

DE

Henriette - Aline - Archambelle RIBLET

EN RELIGION

SŒUR EMMANUEL *de l'Ordre du Carmel*

Née à BAZEMONT (S.-et-O.)

Décédée à COUTANCES (Manche)

SUIVIE

D'un Cantique en l'honneur de Sainte - Thérèse

PAR

L'abbé VIOLETTE

ANCIEN CURÉ DE BAZEMONT

Curé du Perray

MEULAN

IMPRIMERIE F. ROGER

1888

PRIÈRE A SAINTE THÉRÈSE

O victime de l'amour divin, Sainte Thérèse, brûlez nos cœurs et délivrez des flammes de l'enfer les peuples qui invoquent votre protection. Ainsi-soit-il.

Sainte Thérèse, priez pour nous.

(Office de Sainte Thérèse.)

AVANT-PROPOS

Le monde aujourd'hui dit avec tant de
hardiesse que la sainteté n'est plus qu'un
nom, que si on la rencontre dans une
âme qui ne craint pas de se vaincre elle-
même et de tout entreprendre pour
répondre à la voix de Jésus, il est avan-
tageux de le dire.

Pourquoi taire à ceux qui voudraient
en douter encore que la sainteté existe
toujours, et combien est belle et admi-
rable la vertu qui, après avoir été l'apanage d'un cœur fidèle sur la terre, fait
après la mort sa gloire et son ornement
dans les cieux ? Tel est mon but, cher
lecteur, et avant tout la gloire de Dieu et
celle de la Très Sainte-Vierge Marie sa

mère, en retraçant avec la plus grande simplicité la vie dans le monde d'une pieuse fille, née à Bazemont, au diocèse de Versailles, et décédée au monastère des Carmelites, à Coutances (Manche).

CHAPITRE I

NAISSANCE
ET PREMIÈRES ANNÉES D'ALINE RIBLET,
JUSQU'A SON ENTRÉE EN RELIGION

Le voyageur qui se rend à Paris par la ligne ferrée de Cherbourg ou de Rouen ne peut guère s'empêcher, en entrant dans le département de Seine-et-Oise, d'admirer d'un côté Breval et ses plaines fertiles, de l'autre, en arrivant à Bonnières, les rives de la Seine, les sites pittoresques que fournit la nature et les richesses qu'a créées l'industrie. Après la station de Mantes où ses yeux sont attirés non-seulement par l'importance de la gare, mais encore par la vue des tours élégantes de sa magnifique église dédiée à Notre-Dame, Épône vient le charmer avec ses villas brillantes et légères comme la vie de notre époque, avec son vieux clocher roman, sa flèche octogone qui rappellent tant d'anciens et pieux souvenirs.

Au fond, dans le lointain et comme servant de cadre au riche paysage, une suite de collines domine avec majesté la belle et riche vallée de la Mauldre et lui donne ce charme pittoresque que tout le monde aime et admire.

Une d'elles plus élevée et dont la cime se couronne d'arbres séculaires semble dire au voyageur: Je suis plus belle que les autres. Elle l'est en effet, car sur sa base est assise une charmante bourgade aux maisons assez élégantes et dont la population composée de bourgeois et de cultivateurs s'élève à près de 500 habitants. Si l'on veut oublier un moment qu'au moyen-âge, le seigneur élevait sa forteresse au sommet de la colline pour mieux en défendre les approches et garantir plus sûrement son indépendance, on supposera facilement que la beauté de ce site, l'air pur que l'on y respire, le charme des bois qui entourent ce pays et rendent son séjour si agréable, portèrent vers le XIIIe siècle de pieux et nobles seigneurs à y bâtir un château, puis une église qu'ils mirent sous le vocable de Saint-Illiers.

C'est sur cette colline et au sein de cette bourgade appelée Bazemont (Bazymons) que, le 10 juin 1824, naquit de parents chrétiens Henriette - Aline-Archambelle Riblet.

Son père, Maximilien Riblet, et sa pieuse mère, Agathe-Archambelle Mellier, furent longtemps attachés au service de Pierre Parrat de Chalandray, gendre et unique héritier de Nicolas Lebuisson de Morinière , ancien gouverneur de Saint - Domingue, et mort Seigneur de la prévôté de Bazemont.

Madame Riblet, femme remplie de foi et de vertu, s'appliqua, aussi bien que peut le faire une mère chrétienne, à élever ses enfants dans la crainte de Dieu et dans l'amour de la Très Sainte-Vierge Marie.

Elle fut dignement récompensée de ses soins, car; parmi les enfants qui naquirent de son mariage, une fille surtout, Aline-Henriette-Archambelle, parut particulièrement bénie du ciel. Dès ses premières années, Aline donna des marques singulières de sagesse et piété. Formée à l'école de la vertu par les soins et les exemples de sa bonne et pieuse mère, elle grandissait chaque jour comme une enfant de bénédiction, donnant à ses parents au delà de toute la joie et de toute la satisfaction qu'un père et une mère peuvent attendre d'une fille chérie.

De bonne heure ses parents l'envoyèrent à l'école ; elle s'y montra si sage, si appliquée au travail, si bonne et si douce pour ses compagnes que toutes furent bientôt ses amies. Quant vint l'époque de la première communion, elle se livra de tout cœur à l'étude du catéchisme : « aussi, savait-elle toujours ses leçons et répondait-elle avec une facilité et une intelligence que nous admirions toutes, disent celles qui l'ont connue. Nous avions le plus grand respect pour Aline et l'écoutions avec la plus grande attention, quand, au sortir de l'église, elle nous rappelait ce que Monsieur le Curé nous avait dit, y ajoutant d'elle-même des choses si belles que nous n'étions ni assez sages, ni assez pieuses pour les comprendre. »

Quand vint le jour de la première communion, Aline attira les regards de tous, tant par sa candeur que par sa modestie. Qui pourrait dire ce qui se passa dans cette jeune âme qui avait mis tout en œuvre pour se préparer d'une manière aussi digne à cette grande action, et qui, par là même, semblait déjà ne vouloir vivre que pour son Dieu ?

Oui, combien dut être heureux le moment où sentant Jésus au-dedans d'elle-même, pour la première fois elle put chanter avec l'époux des Cantiques : « Mon bien aimé est à moi, Jésus l'aimable Jésus est à moi. Je l'ai trouvé celui que mon cœur aime ! » Aline ne perdit jamais le souvenir de ce jour de bonheur, elle l'a dit elle-même à celui qui écrit ces lignes; au contraire, elle le regarda toujours comme un don que Dieu, dans sa bonté de père, lui avait fait, et comme un titre qui devait l'attacher irrévocablement à son service. Aussi, à partir de ce grand jour, sa fidélité à la grâce, sa générosité dans l'accomplissement de tous ses devoirs prirent un accroissement si remarquable que jamais les yeux attentifs de ceux qui l'entouraient ne surprirent sa piété en défaut. Semblable à une fleur que l'on voit croître peu à peu par les soins d'un jardinier vigilant, et qui, en s'épanouissant, fait le charme de tous, Aline, travaillant toujours sous les yeux et à l'ombre des vertus de sa bonne et chrétienne mère, mettant à profit tous les bons conseils que lui donnait la pieuse comtesse de Jumilhac, châtelaine de Bazemont, Aline, cette fille vertueuse, grandissait en faisant l'admiration de tous.

Elle avait pour diriger sa conscience un pieux ecclésiastique, Monsieur l'abbé Tapin, né à Auxais, près Carentan, au diocèse de Coutances, mort curé de Bazemont, après y avoir exercé les fonctions du saint ministère pendant vingt-sept ans. Sous son habile direction, on voyait de jour en jour briller en Mademoiselle Aline les vertus qui caractérisent de jeune âge les vierges chrétiennes.

A peu près tous les jours, elle assistait au saint sacrifice de la messe ; souvent elle y communiait à côté de sa pieuse mère. Puis, à mesure qu'elle avançait en âge, ses communions devinrent plus fréquentes et ses prières plus longues, « afin, disait-elle, d'être plus forte et plus énergique dans la lutte qu'elle pourrait rencontrer de la part des tentations et du monde. Aussi, au récit de ceux qui l'ont connue, on peut dire sans crainte qu'après sa première communion surtout, ses plaisirs d'enfance furent la prière, le travail et la pénitence, son bonheur et ses jouissances, l'amour de Notre-Seigneur et son union intime avec lui.

Toujours simple et modeste dans sa parure, fuyant même tout ce qui pouvait porter à la mondanité, Aline portait suspendu à son cou un crucifix qu'elle reçut un jour des mains de son directeur, avec un chapelet qu'elle récitait tous les soirs pour la conversion des pécheurs et pour le soulagement des âmes du purgatoire.

Sortait-elle de la maison, pour aller dans le pays faire quelques courses? son maintien était toujours grave, et, dans sa démarche aussi bien que dans ses paroles, elle avait cette modestie, cette charité chrétienne et cette politesse accompagnée de douceur que les méchants eux-mêmes ne peuvent s'empêcher de reconnaître et d'admirer. Mais, à ces vertus Aline joignait une énergie de caractère et un attachement au devoir qui sont comme l'apanage des âmes les plus élevées. Aussi, soit qu'elle fût à la maison avec ses parents, soit qu'elle fût au château, ou dans le monde au milieu de ses amies, elle était toujours gaie, toujours heureuse et toujours contente.

Sans cesse appliquée au travail, et dédaignant les jeux et les promenades que l'on recherche à cet âge, cette fille vertueuse aimait à rester à la maison où elle s'appliquait à la lecture de livres pieux et édifiants ; ou encore elle se tenait près de sa vieille grand'mère à laquelle elle était soumise, obéissante et dévouée comme à sa chère maman ; mais le plus souvent elle était à l'église.

De l'intérieur du château de Bazemont, on communique par une étroite galerie à la tribune de l'église ; c'est là que tous les soirs Madame la comtesse de Jumilhac, réunissant tous ses domestiques, faisait elle-même la prière. Si pendant la journée ou à toute autre heure on cherchait Aline, on était sûr, disent ses amies, de la trouver à genoux dans un coin de la tribune, souvent immobile et tout absorbée dans la prière et la contemplation ; car elle aimait, disait-elle, « à donner tout le temps possible et ses loisirs, surtout à la prière pour la conversion des pécheurs et le soulagement des âmes du purgatoire. »

Du reste, à l'église mieux qu'en tout autre lieu, elle parlait au Seigneur et s'entretenait plus intimement avec Celui qui s'y fait pour nous le Prisonnier de l'amour. De plus aussi, par la prière, la méditation des souffrances de N. S. J. C., par la lecture de la vie des Saints et surtout de l'Imitation, Aline, comme toutes les personnes pieuses, tenait son cœur éloigné du monde, et elle fortifiait son âme contre toutes les attaques qu'elle pouvait rencontrer, en la nourrissant aux salines de la loi de Dieu.

A tant de vertus apparentes la pieuse fille joignait une pénitence et une austérité plus admirables encore ; en voici quelques traits.

Un jour, m'a raconté une de ses amies, mademoiselle Aline, était venue chercher du beurre à la maison. Comme, ce jour-là, on avait fait du pain et que l'on venait de le retirer du four, ma mère lui dit : Si j'osais, mademoiselle, je vous dirais de rompre un morceau de notre galette : ce qu'accepta joyeusement Aline. Mais comme on voulait lui ôter la cendre qui se trouvait dessous, elle ne le voulut point ; elle la mangea, en disant avec un gracieux sourire, comme l'ont tant de fois dit les Saints : que cette cendre lui semblait plus douce que le miel le plus exquis.

Combien de fois sa bonne vieille grand'mère, chez laquelle elle allait coucher tous les soirs, ne la força-t-elle pas à prendre de la viande, quand elle ne voulait que des légumes !

Combien de fois ne l'obligea-t-elle pas à prendre son repos, et souvent à remettre sur sa paillasse le matelas qu'elle en avait enlevé sous prétexte de mieux dormir ou de se réveiller plus facilement, disait-elle toute joyeuse ! Ah ! sans doute cette pieuse fille lisait dans la vie des Saints, que pour arriver au sommet de la perfection et triompher un jour dans la Jérusalem céleste, ces vaillants héros du Christianisme, traitant leur corps avec mépris, l'avaient soumis aux rigueurs de la pénitence et de la mortification, et voilà pourquoi, elle aussi, née pour le ciel et voulant s'assurer ce bonheur, imitait de son mieux les vertus de nos illustres devanciers.

Voyant la piété toujours croissante de sa pieuse pénitente, Monsieur l'abbé Tapin consentit à lui accorder une clef de l'église, faveur qu'elle sollicitait depuis longtemps. Qui pourrait dire la joie et le bonheur de mademoiselle Aline, quand elle vit dans ses mains la clef du trésor des trésors ? Aussi, à peine les travaux de la journée étaient-ils terminés que souvent, oubliant le repas du soir, elle allait se prosterner des heures entières au pied du saint Tabernacle, et là, converser intimement avec Celui qui faisait tout son bonheur ; car,

> A Jésus seul son âme entière
> S'attachait d'un amour constant ;
> A lui seul elle voulait plaire,
> Aimer lui seul à tout instant.

L'église de Bazemont possède un autel de la Vierge que, par reconnaissance d'une faveur obtenue, madame la Comtesse de Jumilhac fit dédier à Notre-Dame de la Délivrande. Lorsque Aline avait prié et et médité assez longtemps à l'autel du divin Fils, elle allait se prosterner aux pieds de la divine Mère, et là, à genoux sur le pavé, elle implorait la miséricorde de Celle que nous appelons le Secours des chrétiens et qui peut tout en faveur des pauvres âmes délaissées dans le purgatoire.

Or raconte que Monsieur R..., qui chaque soir remontait l'horloge de l'église, la vit très souvent prosternée au pied de l'autel. Un soir surtout qu'il avait oublié sa besogne, quoiqu'il fût fort tard quand il s'en souvint, il voulut néanmoins monter au clocher. Comme il en ouvrait la porte qui est au bas de l'église, en face de l'autel de Notre-Dame de la Délivrande, il aperçut, à la lueur d'un rayon pâle de la lune, une personne prosternée sur le pavé. Désireux de savoir qui pouvait être à cette heure à l'église qu'il avait trouvée fermée, il s'avança doucement et reconnut bientôt la pieuse fille qui ne s'aperçut pas de sa présence ; l'aiguille de l'horloge allait vers minuit. Dieu seul sait si l'aurore ne la retrouva pas au pied des saints autels, ce jour-là, comme en beaucoup d'autres ; car chez elle, ou chez sa grand'mère, ou encore à l'église :

> Souvent la nuit entière
> Et l'aurore et le jour
> Entendaient la prière
> De cette âme d'amour.

Aussi, fleur aux doux parfums qu'elle répandait autour d'elle, fille du ciel que Bazemont n'était pas digne de voir ni de posséder plus longtemps, Mademoiselle Aline rompit-elle subitement avec le monde pour répondre à la voix de Jésus qui l'appelait à sa suite. Pressée de briser enfin les liens qui l'attachaient encore à la terre, le 24 février 1849, elle quitta ses parents et se rendit au monastère des Carmélites, à Lisieux (Calvados), couvent pour lequel elle avait toujours eu la plus grande prédilection.

Jour de joie pour le ciel, jour mémorable pour la terre. Oui, jour de joie pour le ciel, puisqu'une âme fidèle à la voix du céleste Epoux entrait dans la sainte milice pour se préparer à le suivre en chantant les hymnes de l'immortelle et céleste virginité ; jour mémorable et jour de joie pour la terre, pour Bazemont surtout, puisqu'une de ses filles se rendait à l'ombre du cloître pour dire chaque jour à son Jésus de le bénir ; jour de joie, jour de bonheur enfin pour celui qui, par une sainte direction, et pour celle qui, par de pieux conseils, avaient cultivé cette fleur devenue trop belle pour le monde.

Mais comme elle dut être heureuse cette pieuse fille, quand, ayant franchi le seuil du monastère, elle entendit la porte se refermer sur ses pas ! Oui, comme dans cette asile, mieux encore que dans le monde, elle dut redoubler de zèle et d'ardeur pour ne faire en toutes choses que la sainte et adorable volonté de Celui qui lui avait dit : « Ma fille, je veux ton cœur ! » Comme souvent elle dut répéter ces sublimes paroles de Sainte-Françoise :

Seigneur, coupez, tranchez, détruisez en moi tout ce qui s'oppose à votre amour! Comme enfin les pieux exercices de la prière et de l'oraison qu'elle remplissait déjà avec tant d'exactitude à Bazemont durent être bien plus fervents encore sous le toit de la Séraphique amante de Jésus ! Aussi, le ciel seul sait ce qui se passa dans cette âme ardente, quand, après un certain temps d'épreuve dans la pratique des saintes règles, elle fut admise à revêtir le saint habit du Carmel et à changer le nom d'Aline qu'elle avait reçu au baptème en celui de sœur Emmanuel.

Lecteur qui parcourez ces lignes, ne trouvez pas étrange que je passe ici sous silence la vie intérieure de la sœur Emmanuel ; les vertus angéliques du Carmel, vous le savez, n'ont que le ciel pour témoin.

CHAPITRE II

ÉTABLISSEMENT DU CARMEL A SAÏGON
DÉPART DE SŒUR EMMANUEL POUR CETTE
FONDATION.

Des années se sont écoulées depuis la profession de Sœur Emmanuel, lorsque le Carmel, à l'exemple de sa sainte mère Thérèse de Jésus, voulant étendre son ordre, résolut d'aller outre-mer montrer, comme le font nos chers missionnaires, aux pauvres idolâtres le chemin du ciel, par la pratique des vertus évangéliques, la pauvreté, l'obéissance et la chasteté.

On résolut d'aller fonder une maison à Saïgon (Cochinchine) avec l'aide et sous la protection de Mgr Lefèvre, évêque de cette province et parent d'une des sœurs choisies pour cette mission.

A cette nouvelle, le cœur de sœur Emmanuel dut tressaillir de joie. «Oh! quel bonheur, devait-elle se dire, si je pouvais être du nombre des voyageuses qui partiront pour les lointains rivages !»

Si je la fais parler ainsi, c'est que jeune encore, quand Mademoiselle Aline lisait dans les Annales de la Propagation de la Foi le récit que faisaient nos missionnaires de leurs souffrances et surtout du déplorable état des pauvres payens, son cœur débordait en disant : « Faut-il que !...»

Aussi, fut-elle joyeuse quand elle apprit qu'elle partirait avec les sœurs qui devaient, au péril de leur vie, traverser les mers pour aller planter la croix de leur Céleste Époux, et faire connaitre le nom de leur mère, Thérèse de Jésus, sur une terre étrangère qu'elles arroseraient peut-être de leur sang. Aucune réflexion ne dut troubler la joie et le bonheur de Sœur Emmanuel, car, avant de quitter Bazemont et en le quittant surtout, elle avait dit avec cette foi qui fait les Saints :

> Adieu, monde trompeur,
> Adieu, je t'abandonne ;
> Jésus seul a mon cœur,
> A lui seul je le donne.

Le 1er juillet 1861 , vers 7 heures du matin, les quatre sœurs formant la petite colonie qui devait partir pour

Saïgon, après avoir reçu dans la Sainte Communion le Dieu des forts, le Pain des voyageurs, ainsi que la bénédiction de leurs Mères, virent les portes du monastère s'ouvrir devant elles. Comme elles durent être heureuses, ces vierges fidèles, quand elles entendirent la voix de leur très révérende Mère Supérieure les bénir une dernière fois et leur adresser, comme Jésus à ses apôtres, quelques-unes de ces paroles : « Partez, mes filles, allez où le céleste Époux de nos âmes vous appelle ! qu'il soit toujours avec vous, que notre sainte mère Thérèse dirige vos pas et vous garde sur la terre étrangère où vous allez porter son nom ! »

Arrivées à la gare, les sœurs montèrent dans le wagon, accompagnées de Monsieur l'abbé Cagnard, leur Supérieur, et de Monsieur l'abbé Rothée, leur confesseur, qui voulurent leur faire la conduite jusqu'à Toulon où elles devaient s'embarquer.

Bientôt le sifflet du départ se fait entendre, car il est 8 heures, et le train emporte les chères voyageuses pour Paris.

Arrivées en cette ville, elles se rendirent rue d'Enfer, où elles furent reçues dans un couvent de leur ordre. Accueillies comme des anges chargées d'une mission divine, elle reçurent de la part de leurs Mères les plus beaux témoignages de tendresse et de charité, je dirai même de vénération, ainsi que l'a dit sœur Emmanuel à celui qui écrit ces lignes.

Le lendemain de leur arrivée à Paris, elles célébraient toutes ensemble la fête de la Visitation. « Jour mémorable ! disait encore sœur Emmanuel ; le matin, au saint sacrifice de la messe, nous avions reçu le Pain des anges, quand peu après on nous accorda l'insigne faveur de revêtir le manteau béni de notre sainte mère Thérèse conservé en ce monastère ! »

Au moment où elles sentirent ce précieux vêtement sur leurs épaules, comme ces pieuses filles, le cœur tout au ciel, durent dire à celle qui le porta si saintement : O vous qui sous ce manteau eûtes tant d'amour pour la souffrance, tant de force et de courage pour lutter contre l'enfer et le monde, faites que nous, filles indignes, nous soyons fortes en Dieu, courageuses dans la souffrance et victorieuses dans les combats que nous aurons à soutenir à votre suite contre l'enfer et le monde !

Les sœurs de la rue d'Enfer, témoins d'une aussi touchante cérémonie, devaient être vraiment heureuses ; aussi, dans leur joie, purent-elles répéter comme autrefois sainte Élisabeth recevant la visite de la Très-Sainte Vierge : « D'où nous vient ce bonheur d'avoir en ce jour, non à la vérité la visite de la Mère de Dieu, mais la visite de quatre vierges, nos sœurs, qui bientôt vont traverser les mers pour aller sur les lointains rivages vivre et peut-être mourir pour notre céleste Époux et pour la gloire de notre sainte mère Thérèse !

Avant de quitter le monastère de Lisieux, les supérieures de sœur Emmanuel l'engagèrent à informer ses parents de son séjour à Paris. Elle leur écrivit donc à Bazemont, et, au jour fixé, elle eut le plaisir de revoir encore une fois ceux qui lui étaient restés chers dans le monde. Après de longues et pieuses conversations, toute joyeuse elle leur fit de nouveau ses adieux. Cette nouvelle séparation n'eut pas lieu sans larmes ; mais il nous semble entendre ce cœur d'apôtre, pour consoler ses parents, leur dire comme autrefois Saint Maur à ses religieux pleurant son départ pour la Gaule :

Eh quoi! les larmes conduisent-elles au ciel ? N'avons-nous pas appris à mettre le salut du prochain avant tout ? Pourquoi donc, pourquoi pleurer sur une seconde séparation que Dieu ordonne ? Et qu'importe la distance, puisque la charité nous unit, et qu'importe le chemin, pourvu qu'il conduise au bonheur!»

Le troisième jour de Juillet, toujours accompagnées de l'abbé Cagnard et de l'abbé Rothée, les quatre sœurs quittèrent Paris pour se diriger vers Toulon.

Elles s'arrêtèrent à Châlons-sur-Saône, descendirent à la communauté des Carmélites et s'y reposèrent un instant, puis repartirent pour Marseille où, profitant de deux heures d'arrêt, elles se rendirent en toute hâte au Carmel pour saluer leurs sœurs en passant.

Enfin on monta en wagon pour Toulon et, à cinq heures du soir, les portes du Carmel de cette ville s'ouvrirent pour recevoir les quatre voyageuses. Ici encore elles furent reçues comme des anges chargées d'une mission divine, et, pendant les quelques jours qu'elles y passèrent pour prendre un peu de repos, elles reçurent de la part de leurs mères les

plus beaux témoignages de tendresse et
d'affection.

Le jour de l'embarquement arriva.
Après avoir reçu la Sainte Communion,
puis une dernière fois la bénédiction de
leurs mères, de leur supérieur et de leur
confesseur, les quatre filles de sainte
Thérèse quittèrent le monastère pour se
rendre au port.

La France était alors en guerre avec la
Cochinchine, et le *Labrador* sur lequel
partaient nos religieuses avait à son
bord dix-huit cents hommes de troupes
pour Saïgon.

L'embarquement étant terminé, le huitième jour de Juillet on leva l'ancre, et
on fit voile pour Alexandrie. Oh ! comme
ces quatre sœurs fortifiées par la foi,
guidées par l'espérance et embrasées par
la plus parfaite charité, durent être heureuses quand, peu à peu le *Labrador*
s'éloignant du rivage, elles virent dispa-
raître la terre de France, leur patrie !
Oui, comme ces filles héroïques devaient
répéter :

Dieu le veut ! Dieu le veut ! sur la terre étrangère
Allons gagner des cœurs à Jésus, notre Époux ;
Qu'il conduise nos pas ; allons de notre Mère
Dire aux pauvres païens combien le nom est doux !

La traversée de la Méditerranée dura huit jours et fut très mauvaise, à ce point que le vaisseau ballotté par la tempête semblait faire naufrage. Mais il portait dans ses flancs le sacrifice, et avec le sacrifice, la foi, l'espérance et la charité ; aussi, malgré les vagues et les vents contraires, le *Labrador* continuant sa route, résista-t-il toujours à la fureur des flots.

Enfin, le seizième jour de juillet, fête de Notre-Dame du Mont-Carmel, des cris de joie se firent entendre : Terre ! Terre ! Terre ! C'était en effet la terre : on arrivait à Alexandrie. Débarquées en ce port, les quatre sœurs, fatiguées par une chaleur excessive, se rendirent à la communauté de Saint-Vincent de Paul établie en cette ville. A peine y furent-elles entrées que Sœur Emmanuel tomba malade, et assez gravement pour que le médecin français qui fut aussitôt appelé déclarât qu'elle devait rentrer immédiatement en France. Mais la fille de sainte Thérèse ne pouvait s'y résoudre. « Mais non — disait-elle — je ne retournerai pas en France ; car, avec la grâce de mon Jésus, le secours de vos ferventes prières et tous vos soins si tendres, je vais aller mieux et me faire à ce nouveau climat. » En effet, les sœurs de Saint-Vincent de Paul, s'unissant à celles de Sainte Thérèse, redoublèrent leurs prières et leurs soins pour la pauvre malade qui, comme par miracle, se trouva mieux et reprit des forces au delà de tout ce qu'on pouvait attendre.

Le séjour à Alexandrie se prolongea jusqu'au huitième jour du mois d'Août, et, comme la santé de Sœur Emmanuel n'inspirait plus aucune inquiétude, on prit le chemin de fer pour se rendre au Caire, puis à Suez où le navire *Le Japon* qui allait en Chine devait recevoir les voyageuses. En arrivant à Suez, les filles de Sainte Thérèse eurent le bonheur de rencontrer dix religieuses de Saint-Paul de Chartres qui, elles aussi, allaient à Saïgon. Toutes joyeuses, elles remercièrent Notre-Seigneur d'une aussi agréable rencontre, puis elles montèrent gaiement à bord où se trouvaient déjà trois sœurs de Saint-Maur allant à Singapour.

Il fallut attendre pendant dix jours le signal du départ, après quoi on fit voile pour Aden. La chaleur du jour était excessive, suffocante, et quand venait le soir où l'air devenait un peu plus frais, les officiers montaient sur le pont pendant que les pauvres sœurs descendaient dans leurs cabines où on pouvait à peine respirer ; car *le Japon*, grand navire construit en fer, était chaud la nuit comme un four où le boulanger cuit le pain. De plus le règlement voulait qu'un énorme fanal (grosse lanterne) fût allumé pendant toute la nuit, de sorte que, par l'intensité de sa lumière, il ne faisait qu'entretenir la chaleur du jour.

Le vingtième jour du mois d'août on arriva à Aden où on s'arrêta pour prendre du charbon ; puis on entra dans la mer des Indes.

Tout-à- coup s'éleva une tempête des plus violentes qui mit la mer dans un état de furie que l'on ne saurait décrire. Pendant trois jours et trois nuits on se crut à la dernière heure. Mais, comme *le Labrador*, *le Japon*, portait dans ses flancs le sacrifice et, avec le sacrifice, la Foi, l'Espérance et la Charité. Aussi l'équipage plein d'espoir lutta-t-il toujours avec une force et une énergie extraordinaires contre la fureur des flots, pendant que les vierges chrétiennes, les mains et le cœur vers le ciel, disaient à Marie, l'étoile

de la mer : Bonne mère, sauvez-nous !
Et Marie, toujours attentive à la voix de
ses enfants les sauva en effet, car tout-à-
coup le vent s'apaisa ; la mer redeve-
nant calme rendit l'espérance au cœur
des matelots, et les filles de Sainte Thérèse, de Saint-Paul de Chartres et de
Saint Maur entonnèrent un cantique de
reconnaissance en l'honneur de Celle qui
peut tout sur la terre et sur l'onde.

Mais pendant tout le bouleversement
occasionné par la tempête, et après surtout, sœur Emmanuel fut atteinte de tels
vomissements qu'on crut un instant
qu'elle allait mourir. Comme on craignait
de la voir étouffer, si elle restait dans sa
cabine, le commandant la fit transporter
dans un appartement plus spacieux et
et plus commode : il lui abandonna sa
chambre de commandant. Pouvant respirer plus à l'aise, Sœur Emmanuel s'y
trouva mieux tout d'abord, mais le mou-
vement de l'hélice et le bruit continuel de
la chaine du gouvernail qui se fait plus
sentir à l'arrière, étaient bien peu propres
à calmer les souffrances de la pauvre
malade qui vomissait le sang.

Malgré la tempête, *le Japon* avançait toujours ; aussi huit jours plus tard on passait

devant Ceylan, puis on arriva à Singapour où restèrent les trois sœurs de Saint-Maur.

Là, les filles de Sainte Thérèse reçurent une lettre de Monseigneur Lefèvre, évêque de Saïgon. La parente de ce digne prélat, qui était la prieure de la colonie du Carmel, s'empressa de l'ouvrir; mais bientôt on la vit pâlir, et elle ne l'avait pas entièrement parcourue que des larmes abondantes coulèrent de ses yeux; puis elle en donna lecture à ses trois filles qui se mirent à pleurer avec leur Mère. Que contenait-elle donc cette lettre ? Elle leur apprenait qu'à Saïgon on était en pleine guerre, que tout y était à feu et à sang ; et Monseigneur, loin d'engager les sœurs à venir s'y établir, les exhortait au contraire à retourner en France.

« Je suis moi-même, leur disait-il, persécuté et fortement préoccupé de l'avenir ; il m'est donc impossible de vous recevoir, de vous installer et surtout de vous protéger au milieu des troubles et du carnage qui règnent dans la ville; retournez en France et vous viendrez dans des temps meilleurs. »

Ce mot « retournez en France » les fit éclater en sanglots. Fallait-il avoir tout quitté, dit adieu à ses sœurs de France, traversé les mers et bravé tant de périls pour venir, comme autrefois Moïse, contempler seulement de loin une terre promise au sacrifice et à l'obéissance ? Oui cette parole « retournez en France » perça le cœur des filles de Sainte Thérèse plus profondément que la flèche la plus aiguë. Et, d'un autre côté, qu'allait-on trouver à Saïgon, dans les horreurs de la guerre ? Telle était encore la pensée qui pouvait préoccuper ces sœurs désolées. Mais, rentrer en France, elles ne peuvent s'y résoudre. Que vont donc faire sur cette terre lointaine ces quatre filles de la pauvreté et de l'obéissance ?

Ah ! ce qu'elles vont faire ! elles savent qu'au ciel est un Père qui prend soin de ses enfants et qui donne aux oiseaux leur pâture. Elles savent, ces filles du sacrifice, qu'au ciel est une Mère de consolation, une Mère de bon conseil. Elles se prosternent donc, et, à genoux, avec la foi qui les conduit, elles l'invoquent, ce bon Père, elles l'invoquent cette bonne Mère ; elles se souviennent qu'avant de quitter Paris elles ont reçu sur leurs épaules le manteau béni qui rendit jadis la séraphique Amante de Jésus, Sainte Thérèse leur mère, si forte dans les combats et si courageuse à lutter contre l'enfer et le monde, et bientôt elles se relèvent fortifiées et le cœur rempli d'espérance en Celui qui peut tout et en Celle qui les avait protégées contre la mer en courroux. On n'hésita donc plus à quitter Singapour pour se rendre à Saïgon où elles arrivèrent après quatre jours de souffrances horribles, car la chaleur était excessive.

Après le débarquement, la petite colonie du Carmel se rendit à la demeure de de Monseigneur Lefèvre, qui reçut les sœurs en ces termes :

Pourquoi venez-vous en ce moment où je n'ai pas besoin de vous ? Au milieu des troubles de la guerre qui règne ici, je ne sais où je vais vous donner asile. Puis Monseigneur leur dit avec sa bonté paternelle : On va vous conduire à un établissement où sont déjà des orphelins, et là, vous vous installerez comme vous pourrez.

Ces paroles rassurèrent les pauvres filles de Sainte Thérèse qui, malgré leur épuisement, étaient heureuses ; car elles étaient enfin à Saïgon.

On les conduisit à l'établissement des

orphelins, dans un enclos formé de quatre murs, où étaient entassés plusieurs centaines de pauvres enfants ramassés dans les rues de la ville et dans la campagne, et rachetés avec le sou de nos petits Français, c'est-à-dire avec l'œuvre de la Sainte-Enfance.

Ce fut dans ce triste réduit, ouvert à tous les vents, que, le neuvième jour du mois d'octobre (mois des Saints Anges), les quatre filles de Sainte Thérèse manquant de tout, excepté de confiance en Celui qui donne l'énergie que seule enfante la charité chrétienne, parvinrent à s'installer de leur mieux.

Ce jour là, elles implantèrent sur la terre lointaine le nom de leur mère Sainte Thérèse. Ne semblait-elle pas leur dire du ciel comme elle disait autrefois à ses filles de Saint Joseph d'Avila, de Médina-del-Campo, Valladolid, Tolède, Albe, Ségovie, Séville, Villeneuve, Valence, Caravaque et Burgos : « Soyons pauvres, mes filles, comme le fut notre céleste Epoux, et souvenons-nous toujours que Dieu et Thérèse c'est tout, et que Thérèse sans Dieu n'est rien.

Mais, sœur Emmanuel, épuisée par les

fatigues du voyage, tomba de nouveau malade, et à ce point que la Mère Prieure, craignant que la chaleur extrême de ce climat brûlant ne la conduisit au tombeau, ne trouva rien de mieux à faire que de chercher l'occasion de la rembarquer pour la France. Sœur Emmanuel ne pouvait y consentir; mais elle céda bien vite à l'obéissance, quand on lui imposa ce départ.

CHAPITRE III

RETOUR DE SŒUR EMMANUEL EN FRANCE.

SON NOUVEAU DÉPART POUR SAÏGON

Au mois de janvier 1862, le navire *le Japon*, ayant fait son voyage en Chine, s'arrêta de nouveau à Saïgon. Aussitôt que la Mère Prieure du Carmel l'eut appris, elle s'empressa de préparer autant qu'elle le put tout ce qui était nécessaire pour le départ de sœur Emmanuel ; puis elle l'embarqua sans retard avec une autre sœur pour retourner en France ; de sorte qu'elles ne restèrent plus que deux à Saïgon sur cette terre étrangère que quittaient avec les plus vifs regrets celles que l'obéissance empêchait d'y mourir.

Le retour ne fut ni aussi long, ni aussi pénible que l'aller ; car le temps meilleur et la mer plus calme permirent au navire d'avancer rapidement ; c'est pourquoi, le 19 mars, jour de la fête du glorieux Saint Joseph, patron et protecteur de tous les ordres religieux, sœur Emmanuel et sa compagne rentraient au monastère de Lisieux. Aussitôt on s'empressa de prodiguer tous les soins que réclamait la santé de l'infortunée voyageuse tant éprouvée par la souffrance et les fatigues du retour ; mais, comblée de tendresse et de douceurs, elle ne tarda pas à se trouver mieux et à peu près rétablie.

Lorsque la guerre fut terminée en Cochinchine, le Carmel de Saïgon qui, malgré les plus rudes épreuves, existait toujours, mais ne pouvait se fonder sans qu'on lui renvoyât au moins deux sœurs, demanda des compagnes à la France.

Aussitôt la Révérende Mère générale fit appel à tous les Carmels.

Celui de la rue d'Enfer (Paris) qui avait été témoin de la touchante cérémonie du départ des premières accorda une de ses sœurs, mais à la condition qu'une de celles qui étaient revenues de Saïgon y retournerait pour guider ses campagnes. Aussitôt sœur Emmanuel, que le climat de France avait bien rétablie, se mit en avant avec un bonheur et une joie qui ne pouvait venir que du ciel. Et pourtant elle savait, cette fille héroïque, tout ce qu'elle avait souffert non seulement pendant la traversée, mais encore sur le sol brûlant de Saïgon où elle fût morte si volontiers martyre pour son Céleste Epoux.

Elle quitta donc de nouveau le Carmel de Lisieux pour se rendre à Paris d'où elle partit bientôt avec quelques sœurs pour Toulon, où elles s'embarquèrent le 22 décembre.

A peine avait-on fait quelques milles sur la Méditerranée que Sœur Emmanuel fut atteinte d'un mal très violent, à ce point que les sœurs, ses compagnes, en conçurent une vive inquiétude, mais avec l'aide du ciel on put arriver malgré tout à Alexandrie.

Débarquées en cette ville, elles se rendirent chez les sœurs de Saint-Vincent de Paul où, comme la première fois, elles furent reçues avec toutes les grâces de la charité chrétienne, et l'on sut prodiguer à sœur Emmanuel tous les soins que réclamait sa santé qui ne tarda pas à être meilleure. Aussi quittèrent-elles bientôt Alexandrie pour reprendre leur route.

Comme elles se disposaient à s'embarquer sur le golfe Arabique, Sœur Emmanuel, victime encore une fois du mal, fut tout-à-coup prise de la fièvre scarlatine. Il fallut la transporter au Caire chez les sœurs du Bon Pasteur qui la reçurent avec beaucoup de bienveillance ; mais, malgré les soins les plus empressées, le mal fut si violent et fit de tels progrès que l'on crut prudent de faire donner à la malade le sacrement de l'Extrême-Onction. A peine l'eut-elle reçu qu'elle sentit un mieux qui, se continuant chaque jour, lui permit d'entrer bientôt en convalescence. Lorsque les supérieures de sœur Emmanuel, que l'on avait informées de sa triste situation, la surent assez forte pour supporter le voyage, elles la rappelèrent en France.

Elle revint donc une seconde fois au Carmel de Lisieux, berceau de sa vie religieuse, où, de nouveau, grâce aux soins les plus vigilants et les plus tendres, elle fut bientôt rétablie. Dès qu'elle put remplir un emploi, on la nomma sacristine, charge pour laquelle elle avait eu toujours la plus grande prédilection, et dont elle s'acquitta avec la plus grande exactitude.

CHAPITRE IV

FONDATION DU CARMEL DE COUTANCES.
MORT DE SŒUR EMMANUEL.

En l'année 1866, le diocèse de Coutances avait à sa tête Monseigneur Bravard, qui succéda au pieux et savant évêque Monseigneur Daniel, enfant de ce diocèse.

Ce prélat, voulant établir un monastère de Carmélites dans sa ville épiscopale, fit une demande à la Révérende Mère générale, afin d'obtenir des sœurs pour fonder sa maison. Le Carmel lui accorda quatre sujets au nombre desquels se trouva sœur Emmanuel qui fut aussitôt nommée dépositaire de cette maison naissante.

Elle quitta une troisième fois le monastère de Lisieux, et partit avec ses sœurs le 26 juillet 1866 pour aller à Coutances prendre possession de la nouvelle demeure que Monseigneur Bravard leur avait fait préparer sur la paroisse Saint-Nicolas. A Coutances comme à Lisieux, pendant les seize années moins un mois qu'elle y a vécu, sœur Emmanuel fut le modèle de ses sœurs. Modèle d'oraison, modèle d'amour de Dieu et, par là même, modèle d'obéissance et d'humilité. Oui, modèle d'amour de Dieu, et voilà pourquoi ses lettres étaient toutes remplies de ce baume divin qui parfume le cœur des personnes qui les possèdent et leur fait dire : Quelle belle âme !

J'ai dit, en commençant, qu'avant de quitter Bazemont, au récit des souffrances de nos missionnaires et du triste état des pauvres païens, sœur Emmanuel, alors Aline-Henriette-Archambelle Riblet, répétait souvent : « Quelle bonheur de verser son sang pour l'amour de son Dieu! » C'était sans doute l'espérance de cette faveur qui la rendait si joyeuse en partant pour la Cochinchine, où elle s'attendait à mourir martyre. Aussi, depuis son retour, tant dans ses lettres que de vive voix, se plaignait-elle souvent de ce que Notre-Seigneur n'avait pas voulu de son sang ; puis elle ajoutait, cette âme héroïque: « Sans doute que j'étais indigne d'une telle faveur! » Mais si Jésus, la force et le Roi des martyrs, ne lui a pas accordé cette palme de victoire, c'est parce qu'il lui réservait la souffrance dont elle fut toujours avide.

Au commencement de l'année 1882, sœur Emmanuel fut atteinte d'une maladie cruelle. Cette âme si forte dans la foi et si grande dans l'amour de son Dieu n'oublia pas qu'autrefois sa sainte Mère Thérèse-de-Jésus, au milieu des crises les plus violentes que lui occasionnait l'ardeur du mal, répétait sans cesse : « Ou souffrir ou mourir ! »

Elle aussi, sœur Emmanuel, savait répéter, n'en doutons pas, ces sublimes paroles auxquelles elle ajoutait encore : « Je veux tout ce que Dieu veut ! »

Voyant son état devenir de plus en plus grave, lorsqu'elle fut réduite à garder le lit, elle recueillit toutes ses forces et écrivit à Bazemont, à ce cher pays où l'on garde et gardera longtemps le souvenir de ses vertus ; elle écrivit ces lignes mémorables à ce cher pays pour lequel elle priait tous les jours : « Notre-Seigneur vient de m'accorder une grande faveur, car il m'a enfin mise dans le train qui doit me conduire du temps à l'éternité ; mais sera-t-il rapide ou omnibus ? A la volonté du bon Jésus qui le cache sans doute à son indigne servante, pour qu'elle ne soit pas trop joyeuse de le savoir. Cependant je lui demande une faveur: Qu'il daigne augmenter et prolonger quelque temps encore mes souffrances, afin de dédommager son divin Cœur tant offensé et de mettre en liberté quelques pauvres âmes détenues dans le purgatoire.

Les vœux de sœur Emmanuel furent accomplis, car plusieurs mois s'écoulèrent après cet acte héroïque; mois de souffrance, il est vrai, mois de bonheur. Oui, mois de bonheur pour cette grande âme qui, son crucifix à la main, et faisant toujours oraison, se tenait sans cesse comme au pied de la Croix, unie à Celui qui chaque matin venait visiter sa servante et lui dire: « Réjouis-toi, ô ma fille, voici ton Roi, voici l'Époux de ton âme. »

Enfin, le dimanche vingt-sixième jour de juin 1882, après une longue agonie, la mort vint à son tour lui dire: Il est temps, voici l'heure du départ. Mais elle la trouva, comme la vierge fidèle, la lampe à la main, attendant toute joyeuse l'arrivée de son divin Roi. N'en doutons pas, c'est à la suite de sa séraphique Mère Thérèse de Jésus, et en compagnie de ses sœurs du Carmel précédemment envolées dans le Ciel, qu'elle prend part aux noces de l'Agneau sans tache en chantant les hymmes de l'immortelle virginité.

Maintenant que ton corps repose dans la tombe et que ta main ne peut plus nous tracer combien ton cœur était à Jésus pour nous, du coteau qui te vit naitre nous te saluons au ciel, cher ange de Bazemont, en te disant au revoir, oui, au revoir ! Mais,

Maintenant qu'à ton Dieu te voilà réunie,
O vierge du Carmel, ah! souviens-toi de nous,
Souviens-toi de tes sœurs, de ta chère patrie
Pour laquelle souvent tu prias à genoux !
Pour nous demande-Lui, non les biens de la terre,
Mais sa grâce et surtout un cœur vraiment pieux,
L'amour de ton Jésus, ton Époux sur la terre,
L'amour de ton Jésus, ton Époux dans les cieux. !

CANTIQUE

En l'honneur de Sainte-Thérèse

Air : Le temps de la jeunesse passe comme une fleur.

REFRAIN

Entends notre prière,
Thérèse de Jésus,
Porte-la de la terre
Au séjour des élus.

Ornement de Castille,
D'Avila la splendeur,
Rends notre âme docile
A la voix du Seigneur. *Ref.* Entends etc.

Toi dont l'âme ravie
Trouvait en oraison
Tant de force et de vie,
Obtiens pour nous ce don. *Ref.* Entends.

Toi que le Pain des Anges
Transportait de bonheur,
Aux célestes phalanges,
Ah ! conduis notre cœur ! *Ref.* Entends.

Toi qui dans la souffrance
Trouvait tant de plaisir,
Disant : Dieu, patience !
Ou souffrir ou mourir ! *Ref.* Entends.

Reçois notre prière,
Et fais que tes enfants
Au Ciel avec leur Mère
Soient un jour triomphants! *Ref.* Entends

J. V.

TABLE